DE LA
FANTASTIQUE CIRCULAIRE
DE M. DUFAURE

SUR LES JURIDICTIONS DES LOYERS

PAR

A.-E. BILLAULT DE GÉRAINVILLE

Économiste, auteur de l'*Histoire de Louis-Philippe*,
[des *Résultats fantastiques de l'application de la loi sur les loyers*, etc.

> On considère chez cette nation la prévarication dans les fonctions publiques comme un crime plus énorme que le vol, c'est pourquoi elle est toujours punie de mort : car 'on estime que le soin et la vigilance, avec un esprit ordinaire, peuvent garantir les biens d'un homme contre les attentats des voleurs ; mais que la probité n'a point de défense contre la fraude et l'injustice.
>
> SWIFT, *Gull.*, I, VI.

PARIS
CHEZ TOUS LES LIBRAIRES
ET BOULEVARD ORNANO, 26

—

1871

Monsieur le ministre,

Cette publication, ainsi que ma précédente relative au même objet, n'a d'autre but que de vous procurer édification, de faire luire à vos yeux la lumière mise sous le boisseau, — on doit le présumer d'après votre dernière circulaire, — dans les rapports intéressés de MM. les juges de paix.

Elle émane d'un écrivain qui, économiste, publiciste ou historien, le public lui a rendu cette justice, n'a jamais transigé avec le devoir, ce guide toujours infaillible, mais surtout fil conducteur précieux à une époque de défaillance générale comme la nôtre, à ce point troublée que, chez le plus grand nombre, la notion même du juste et de l'injuste s'est obscurcie pour ne faire place qu'à l'oblitération du sens moral et à la perversion des jugements, d'où, en France, cachet tristement caractéristique du temps, l'avilissement des personnes et l'abaissement des caractères.

J'ai l'honneur d'être, de Votre Excellence, le très-respectueux serviteur.

A.-E. BILLAULT DE GÉRAINVILLE.

FANTASTIQUE CIRCULAIRE

DE

M. DUFAURE

Après la loi sur les échéances commerciales, loi si profondément conçue, si clairement libellée, que le commerce a dû en faire complétement abstraction en tant qu'avorton législatif point né viable, l'ingrate population de Paris devait méconnaître un autre bienfait, un nouveau chef-d'œuvre, la loi sur les loyers. Paris ne vaut pas Athènes pour la légèreté. La circulair de M. le garde des sceaux, du 21 novembre, prouve que, pour le d   e de ses soucis et préoccupations, il faut autre chose que des dith   . M. Dufaure sera seul à se frotter les mains avec ses juges de paix : il ne rencontrera pas plus de gens crédules qu'il n'a fait de satisfaits. Le temps est à autre chose qu'à la pastorale et à l'idylle.

Le public était loin de s'attendre qu'à propos d'une loi généralement réprouvée, condamnée en théorie, jugée définitivement en application, funeste dans son principe, désastreuse dans ses résultats, en fin de compte aujourd'hui universellement décriée, on le prendrait avec lui dans tels termes outrecuidants et fabuleux. N'est-ce pas trop fort ? ériger en manne divine un expédient malencontreux dont on ne gardera le souvenir qu'au titre de calamité publique !

De cette circulaire, il en est comme de certains mandements d'évêques : on s'est demandé si l'auteur l'avait lue. Sans doute M. Dufaure a apposé sa signature à la pièce ; ce document ne saurait être apocryphe, ce qui n'implique aucunement qu'il en ait eu connaissance. Comment imaginer, en effet, qu'un ministre puisse convier le public à se divertir de sa prose ?

A ce cas de sa propre et heureuse ignorance, ce serait un bon office d'un secrétaire de la lui mettre sous les yeux à un moment d'humeur noire ou de morosité chagrine. Cela le désopilerait, dissiperait sa mélancolie et vaudrait pour le moins Vichy à sa digestion.

Le public, lui, affriandé à ce rare et précieux morceau, l'a dévoré à belles dents et s'est mis tout de suite en liesse. Cette étonnante circulaire lui a soufflé le feu dans le sang, elle a allumé chez lui une soif inextinguible du rire. A l'éteindre, aujourd'hui, il faudrait le courant de plusieurs milliers d'exemplaires. Aussi bien pareille occasion se rencontre-t-elle tous les jours de se gausser et de faire si belles gorges chaudes ?

Œuvre à cachet singulier, complexe dans sa nature par la diversité de sentiments qu'elle provoque... A la propriété d'égayer elle joint la vertu d'émouvoir, d'exciter un attendrissement indescriptible. Qui n'a senti, à sa lecture, de douces larmes rouler dans ses yeux ? La paupière s'humecte, au ton dont M. le garde des sceaux nous parle de la liquidation des loyers. Peinture pathétique s'il en fut, éloquence vraie et qui coule de source. On savait M. Dufaure esprit net, méthodique et lucide, il vient de prouver qu'il possède en plus l'élévation, l'ampleur et l'éclat. Sa circulaire donne sa vraie mesure.

Il est achevé et de main de maître, le tableau qu'il nous trace des justices de paix en action, à l'œuvre de la liquidation des loyers, de « ces juridictions nouvelles avec l'affluence inusitée qui remplit le prétoire, la déférence respectueuse avec laquelle les sentences sont accueillies, les accords amiables (accords admirables, ma foi ! on croit entendre Apollon ou tout au moins Amphion faisant résonner sa lyre) :

Aux accords d'Amphion, les pierres se mouvaient !

qui suivent chacune d'elles, et l'esprit d'apaisement qui succède à chacun des conflits. »

Est-ce touché, cela ? la palette est-elle abondamment fournie et riche en couleurs ? pour le ton et le relief, y a-t-il rien à désirer ? A tour si magistral, à pareille façon de manier le pinceau, M. le garde des sceaux se révèle artiste consommé, et, en tant qu'il s'agit de couleurs, incomparable coloriste.

Au *recueillement* qu'à haute dose il lui infuse aujourd'hui et lui prête si libéralement dans sa circulaire, le public s'est encore demandé si ce « prétoire » et ces « audiences » qu'on lui dépeint représentent bien ce qu'il a vu, les lieux où il a joué un rôle. C'est qu'il n'a pas tout à fait perdu le souvenir de ce qui s'y passait. Il a présents à la mémoire brouhaha et vacarme, et, au sein d'une confusion indicible, ce défilé interminable d'es-

pèces de toute importance et nature, avec accompagnement de cris et tré-
pignements, et, finalement, une avalanche de jugements rendus à tour de
bras, prononcés à la centaine, formant tas, déversés qu'ils sont sur lui au
tombereau, à se croire dans une décharge publique. A la juridiction des
loyers, jusqu'ici, il lui semblait voir une pétaudière à sections multiples et
à scènes similaires. Il lui avait paru que ces audiences, si pleines de sérénité et de grandeur sous la plume magique de M. le garde des sceaux, re-
produisaient assez exactement, après la cour du roi Pétaud, l'image de
celles autrefois tenues par le président de Baugé :

> Huissier, qu'on fasse silence,
> Dit en tenant audience,
> Un président de Baugé ;
> C'est un bruit à tête fendre ;
> Nous avons déjà jugé
> Dix causes sans les entendre [1] !

Bref, comme il n'est pas outre mesure récalcitrant ni entêté dans son
opinion, ce bon public, il a pris pour un rêve le tohu-bohu dont il avait
été témoin ; à cet égard, il s'est cru le jouet d'une hallucination ou
berlue.

Certainement les choses ne devront pas se passer mieux à la grande
audience du jugement dernier, dans la vallée de Josaphat ; et M. Dufaure
nous donne, par sa circulaire, un avant-goût de la juridiction céleste. A
telle physionomie, juge et parties, auditoire et jurés, s'ils demeurent encore des hommes, ne figurent plus qu'une génération de l'âge d'or perdue
dans ce siècle de fer ; on ne saurait croire à mieux dans les régions éthé-
rées, au sein et séjour des anges, des chérubins et des archanges. Quoi !
tant d'abnégation et de désintéressement ! tant d'ardeur, d'empressement,
que dis-je? de précipitation aux sacrifices ! Mais c'est à couler bas, à faire
oublier tout à fait cette nuit fameuse de la grande Constituante, où nobles
et clergé, les uns à l'envi des autres, multipliaient sur l'autel de la patrie
l'offrande de leurs droits et priviléges. Le juge de paix, ici, n'est plus un
simple mortel ; il prend les proportions inusitées d'un dieu, d'un demi
tout au moins, si l'entier vous semble trop. Et à si merveilleux instrument de pacification des conflits, à tel rouage d'or, à si ineffable juridiction enfin, on ne conférerait pas le privilége de la permanence pour notre
bonheur ! Le public n'en croit pas ses yeux, à lire, dans la circulaire, que
M. Dufaure songe à en clôturer l'exercice pour le ramener au régime habituel, « à l'ordre régulier des juridictions et à l'application rigoureuse
des lois. » N'avons-nous donc passagèrement joui de tant de délices, tâté

---

[1] *Épigrammatistes français*, Amsterdam, 1720, t. II, p. 10.

de cette crème judiciaire, que pour revenir trop tôt à la réalité, pour ressentir plus amèrement l'exiguïté de notre pitance accoutumée, l'insuffisance de notre maigre ordinaire ?

Oui, paraît-il, nous étions à Salente, et nous en voilà tristement de retour. Ç'a été un songe, le rêve d'un moment, si promptement évanoui que, de cette sérénité d'audiences, de ce spectacle enchanteur de prétoire, de cet apaisement subit qui en est résulté, personne, hormis M. le garde des sceaux, n'a aujourd'hui le moindre souvenir. Au contraire, les têtes sont encore sous le coup d'un affreux cauchemar, et des justiciables se plaignent de n'avoir vu sortir pour eux de si angéliques juridictions que d'assez vilains résultats, des effets désastreux, et, à tout dire, pour nombre d'entre eux, la ruine. Tel a été particulièrement le lot d'un de ces justiciables, dont je vais ici vous crayonner l'histoire. Son cas est celui de tant d'autres, qu'il peut être proposé pour exemple. J'ai toute raison de vous garantir l'exactitude de ses griefs, de me porter fort et répondant de sa véracité.

Mais, dans l'intérêt de votre hygiène, je dois ménager la transition, pour que vous ne gagniez pas mal à passage trop brusque. A émotion succédant émotion toute contraire, on a vu se produire cas mortel. Il est désirable aussi que vous soyez scandalisé le moins possible.

Il y a donc lieu de vous prévenir qu'ici le dieu, ou être surhumain, est descendu de son piédestal. Il a cessé de participer de la nature céleste pour redevenir tout à fait homme comme vous et moi, et sans doute encore plus que vous et moi, même beaucoup trop homme, avec l'apanage ordinaire, le cortége habituel de faiblesse et d'infirmités morales inséparables de notre pauvre humanité.

Convié, comme les autres, au banquet de la juridiction des loyers, notre justiciable n'y a pas trouvé les agapes dont parle M. le garde des sceaux. Il a bu à une autre sorte de coupe, il a dû approcher ses lèvres d'un calice amer à avaler jusqu'à la lie. Au surplus, il n'est pas seul de son bord : autour de lui frémit et bourdonne une foule compacte qui vient assez malencontreusement apporter sa note discordante au concert harmonieux que nous fait entendre la circulaire, aux accents mélodieux, que M. Dufaure fait résonner à nos oreilles.

Indépendamment de sa qualité principale d'homme de lettres, de barbouilleur de papier, ce justiciable s'est fait industriel à l'effet de suffire aux vulgaires nécessités de la vie. A ce titre, il exploite, comme principal locataire et *entrepreneur de locations* (porte la patente), une maison dont, pour son malheur, est propriétaire un M. Guyot-Sionnest, avoué au tribunal de la Seine et premier suppléant de juge de paix à Paris, et duquel il lui a cuit et lui cuira sans doute encore longtemps, si Dieu n'a pitié de lui, d'avoir fait la connaissance.

De ce particulier, masculin d'espèce peu commune, d'engeance heureusement fort rare, à vous énumérer les inconvénients — je dis inconvénients par habitude de courtoisie — et les tribulations qui en sont résultées et résultent chaque jour pour notre pauvre principal, on composerait un gros volume. Je n'ai fait qu'en effleurer quelques-uns dans mes *Résultats fantastiques*. Bref, pour vous en donner une idée en ménageant votre temps, il suffira de vous dire qu'à son contact, on risque plus de voir sombrer sa barque, qu'à ses bas-fonds il y a plus de danger de couler que pour le navigateur à toucher écueils et récifs de la plage ou côte la plus inhospitalière. Enfin, c'est un homme impossible, pour qui, de la couronne du propriétaire, le plus beau fleuron, après l'argent toutefois, réside dans la faculté de molester son principal locataire, de le torturer sans trêve ni merci par une succession interminable de procès.

Celui-là, vous le devinez, n'avait garde de souscrire à tout accommodement raisonnable avec son principal relativement aux fameux trois termes.

Je vous ai dit qu'il était premier suppléant de juge de paix à Paris. Déposant un instant sa robe, il s'est donc présenté de sa personne à la deuxième section du jury des loyers du XVIIIe arrondissement pour réclamer payement de ses trois termes. C'était là qu'il attendait notre pauvre principal, qui, confiant dans cette justice que M. le garde des sceaux nous représente planant si majestueusement au-dessus des considérations particulières et inaccessible aux vulgaires entraînements et faiblesses, allait, sans s'en douter, tomber dans un affreux guêpier.

C'est que l'audience est tenue ici par un confrère, collègue et ami de notre homme, par maître Boinod, puisqu'il faut l'appeler par son nom, avoué près le tribunal de la Seine et premier suppléant du juge de paix du XVIIIe arrondissement. La tournure que prit incontinent la chose glaça tout d'abord notre pauvre principal. Il était manifeste pour lui et pour tous qu'il avait affaire à trop forte partie. Bref, à telle raison d'intimité et de rapports journaliers, par habitude sans doute de se passer au Palais la rhubarbe contre le séné, nos deux confrères, collègues et amis, surent si bien recommander au prône l'infortuné principal, pétrir et travailler la pâte malléable de ce doux et facile jury des loyers, qu'ils tirèrent de lui contre notre principal condamnation au payement intégral des trois termes au profit de l'ami propriétaire, en imposant en outre audit principal la charge tout entière des remises de loyers accordées aux sous-locataires, desquelles le propriétaire se trouve de la sorte complétement exonéré, ce qui n'est pas vulgaire aubaine, car le montant s'en élève à un chiffre exorbitant, ruineux.

Enrichir par telle voie et tel moyen un propriétaire opulent, riche de

40 à 50 mille francs de rente, au détriment d'un malheureux principal qui a mis toutes ses économies à l'acquisition du bail dont il vit, c'est déjà, n'est-ce pas, assez peu moral ; et vous savez que le mal est sans remède, parce qu'à la juridiction des loyers la ressource de l'appel est interdite, toute voie à réparation fermée? Cette prohibition de tout recours, qui consomme ainsi et irréparablement une ruine inique, fait, soit dit en passant, assez peu d'honneur à la prévoyance du législateur qui a édicté la loi sur les loyers. Mais je dois revenir à notre sujet ; il reste à vous offrir le bouquet.

Il ne suffit pas, en effet, de vider la bourse du principal au profit de l'ami propriétaire ; il faut encore l'enlacer en tels liens, l'enchevêtrer dans telles mailles et si inextricables réseaux, que, bon gré mal gré, sans bourse délier, le bail fasse retour au fortuné propriétaire. C'est à quoi vont pourvoir nos deux amis. Pour cela, le moyen est tout trouvé, simple, infaillible et de l'exécution la plus facile. On n'accordera au principal, pour se libérer, que des termes si courts qu'ils équivaudront pour lui à néant et le mettront dans l'impossibilité absolue de se tirer d'affaire. Ainsi entendue, la chose ne fait pas un pli. Du même coup, voilà un propriétaire qui, non-seulement s'engraisse de la substance de son principal au sein d'un désastre public, mais tire encore du malheur des temps, pour la suite, les germes et éléments d'une excellente affaire. Hélas! ce n'est pas beau, mais point nouveau. La soif inextinguible de l'or engendre telles vilenies, avec le concours que lui prêtent la confraternité et la camaraderie : *Auri sacra fames !*

Quel jugement, à votre tour, portez-vous sur nos deux premiers suppléants de juge de paix, sur ces deux magistrats sans vergogne? Ceux-là, certainement, vous les exclurez de la lice ouverte par M. de Montyon, du concours institué pour les prix de vertu. Pour le coup, il faudrait étendre démesurément l'indulgence, et, passez-moi le mot, allonger singulièrement la sauce à laquelle M. le garde des sceaux nous met ses juges de paix dans sa circulaire, pour ranger ceux-là parmi ceux qu'il exalte avec un lyrisme imperturbable, « qui ont obtenu de la population parisienne le respect et mérité la reconnaissance ! » Dans ces deux beaux messieurs, estimez-vous aussi qu'on doive voir « les représentants de la justice et de la bienveillance sociale, vertus si nécessaires, continue excellemment M. le garde des sceaux, après une crise aussi violente que celle dont nous sommes à peine sortis? »

D'Aguesseau n'aurait pas mieux dit ; mais aussi peut-être qu'il aurait mieux fait, faisant incontinent descendre ces deux magistrats de leurs siéges.

Voyez-vous ces deux suppléants de juge de paix pratiquant à leur façon

« la bienveillance sociale et les vertus si nécessaires » préconisées par M. le garde des sceaux ; le premier, M⁰ Guyot-Sionnest, tondant sur l'œuf, mangeant la laine sur le dos de son principal ; et le second, M⁰ Boinod, se faisant son complaisant et docile instrument ! Est-il assez probant l'exemple d'un justiciable dépouillé de sa propriété, de son modeste avoir, ruiné du jour au lendemain par cette juridiction des loyers, sans qu'il ait à se reprocher aucune faute ? Vous aurez beau, monsieur le garde des sceaux, lui mettre un bâillon sur la bouche pour étouffer ses trop justes plaintes, les pierres mêmes parleraient pour lui : *parietes ipsi clamabunt !*

Que vous semble, encore un coup, de la « bienveillance sociale ? » Cette « bienveillance sociale, » mais elle est charmante, n'est-ce pas, ingénieusement trouvée et surtout justifiée ! Voici, en effet, venir M. le premier suppléant Guyot-Sionnest, que nous n'avons pas encore payé de ses trois termes, qui, par « bienveillance sociale » (Lettre du 25 novembre), nous menace de toute la rigueur de la loi et d'imminentes poursuites. De ce juge de paix qui n'a pas sacrifié un centime de ses loyers et a trouvé moyen de s'exonérer de toute contribution dans la perte, de se décharger entièrement sur le dos de son principal des remises exorbitantes accordées aux sous-locataires, qui, par surcroît, lui fait un procès pour mettre encore à sa charge et lui faire supporter les dégâts de force majeure occasionnés à sa maison par le siége et la Commune, de celui-là, comment trouvez-vous « les vertus et la bienveillance sociale ? » On est exposé à singulière erreur de perspective, paraît-il, à voir les choses de loin, à Versailles. Ce bon M. Dufaure, on lui en conte, des bourdes !

Que M. le garde des sceaux soit donc bien persuadé qu'aujourd'hui le public ne se laisse pas plus facilement endoctriner que chloroformer ; et que, pour le convaincre, il faut autre chose que des grands mots, des phrases ampoulées, des périodes ronflantes ; trop longtemps il en a été saturé, et maintenant son estomac les rejette, et il se cabre : *recalcitrat undique tutus.* Sans doute il convient que les gouvernants débarrassent son tempérament des humeurs aigries, de la bile chez lui accumulée à l'excès. Mais, dans l'emploi des drastiques, il faut prendre garde qu'inconsidérément administrés, trop concentrés ou à dose exagérée, les purgatifs produisent l'effet opposé à celui qu'attendait M. Purgon. Et puis, à force d'assister à la comédie, le peuple est devenu difficile sur la pièce qu'on lui joue : il n'applaudit qu'aux bons acteurs. A tout air faux surtout, dans son langage trivial, mais vrai, il ne manque pas de dire : « Mon bonhomme, musiquez-nous-en un autre ! »

Mais, indubitablement, il applaudirait à M. le garde des sceaux faisant une bonne fois un exemple à propos d'une déviation de la loi aussi révoltante que celle que nous venons de retracer.

Trouvez-vous, en vérité, que telle éhontée collusion diffère sensiblement de la prévarication au premier chef, de la forfaiture du juge? Et celle-là, aussi loin qu'on remonte, on sait de quel œil elle a toujours été considérée ; si, même aux temps barbares, la sévérité a jamais manqué pour la punir. C'est là, en effet et au suprême degré, un désordre social. Sa répression est nécessaire à la conservation du corps social tout entier. La justice est le premier besoin des peuples. L'égalité de ses balances, l'impartialité des magistrats, sont des conditions indispensables pour que loi et juges obtiennent toujours le respect.

Profondément imbu de ces vérités, on sait comment le prit un roi de Perse, Cambyse, à pareil écart sur ce chapitre ; de quelle façon il vengea l'outrage fait à lui et à la société; comment il se montra inexorable à ce titre de grief social. Ce monarque avait pris au sérieux la maxime que « toute justice émane du roi, » qui est responsable envers ses sujets. A manquement de ce genre, il infligea une correction radicale à je ne sais plus quel juge de paix ou infime robin d'Ecbatane. Tout court, il le fit écorcher vif, et de sa peau allongée à la mesure, à la latitude de sa conscience, il fit couvrir le siége où dut monter et s'asseoir son fils, pour qu'en rendant la justice à son tour, il eût toujours présent à la mémoire le méfait de son coupable père.

Le peuple, aujourd'hui, n'en demande pas tant : nos mœurs sont plus faciles. Ah! si elles n'étaient que cela, et point absolument relâchées! Mais sur tels actes passer l'éponge, c'est aussi faire par trop bon marché de l'opinion publique. Et dire qu'il se rencontre encore des gens, M. le procureur général à la cour de cassation en tête, qui s'étonnent qu'en France « il n'y ait plus le respect de la loi[1]! » Je le crois bien, à tels écarts! A plus juste titre devra-t-on s'étonner de l'étonnement de M. Renouard.

Fort heureusement tous les juges de paix, tant s'en faut, ne sont pas taillés sur le patron dont nos deux premiers suppléants offrent le peu édifiant *specimen*. Ces derniers, on les sépare des autres qu'environne la considération et le respect, comme on sépare l'ivraie du bon grain! Le XVIIIe arrondissement conservera longtemps le souvenir de M. Champreux, qui, à l'universel regret, a pris sa retraite, après trente années d'exercice. Et dire qu'un jurisconsulte si éminent, un magistrat si consciencieux, a été tout ce temps laissé dans d'infimes fonctions! que de si précieux services n'ont pas été utilisés dans une sphère proportionnée et plus haute! O ineptie des gouvernements !

Il faut que M. le garde des sceaux en prenne son parti. Puisqu'il est

[1] Voy. son Discours de rentrée.

fortement question de la rentrée du gouvernement à Paris, M. Dufaure, à son retour, ne devra point être surpris de se trouver à peu près seul de son sentiment, sans le moindre petit écho au hosannah, à l'hymne qu'aujourd'hui il entonne dans sa circulaire.

Il n'est que trop vrai que la loi sur les loyers et sa juridiction anormale ont jeté la ruine et la désolation dans maintes familles, ruiné les petits propriétaires des quartiers excentriques et des zones suburbaines, anéanti l'industrie de nombre de commerçants, logeurs, maîtres de garnis, etc. Nous en avons en main des témoignages irrécusables, des attestations sans réplique que nous tenons à la disposition de M. le garde des sceaux. Nous n'avons rien exagéré à ce sujet dans nos *Résultats fantastiques*[1]. Loi et juridiction ont amassé pour le gouvernement des trésors de colère et de ressentiment dans les cœurs profondément ulcérés de trop nombreux justiciables.

Si vous en doutez, monsieur le garde des sceaux, ouvrez dans les vingt arrondissements de Paris un registre aux réclamations des justiciables dépouillés, ruinés, diversement lésés par la juridiction des loyers. Mais

---

[1] La publication de notre brochure : *Résultats fantastiques de l'application de la loi sur les loyers* nous a valu quantité d'informations officieuses. De ces communications nous avons fait notre profit, qui n'est autre que celui du public. Si l'Assemblée nationale, désireuse d s'éclairer, ouvre plus tard une enquête relativement à la liquidation des loyers, nous aurons d[e] curieux renseignements à lui produire. C'est là qu'elle trouvera la vérité, et non dans les rapports intéressés de MM. les juges de paix.

Ce que nos informations constatent de décisions fantasques, anormales, inconséquentes, sciemment ou non injustes, de divergences, de contradictions et même de bévues de la part des juridictions des loyers, ne serait pas croyable sans les preuves et attestations positives. La place nous manque ici pour en dérouler la série. On est d'ailleurs embarrassé à faire un choix dans cette richesse de désastres et de ruines. En voici néanmoins deux échantillons que nous prenons au hasard : ils appartiennent au même quartier.

C'est une famille qui vit du produit de 3,400 francs, d'une maison intégralement louée à un gros épicier ou marchand de salaisons, qui s'est enrichi à l'investissement de Paris. Il obtient la remise de deux termes sur ses loyers ! Pour vivre, la mère s'est vue obligée de se faire infirmière, et sa fille aînée, femme de chambre. Une demoiselle bien élevée, jeune et belle, femme de chambre dans une grande maison !

A deux pas de là, c'est un boulanger à industrie spéciale : la fabrication du pain que consomment presque exclusivement à Paris les étrangers, Anglais et Américains. A leur départ de la capitale, il a dû fermer boutique. Moins heureux que l'épicier, il n'a rien obtenu du jury des loyers : sa ruine s'en est suivie.

Des bévues, il en est qui ont un caractère véritablement prodigieux. Mais l'une d'entre elles flotte et surnage entre toutes sur cette mer de l'absurde, de façon à éclipser toutes les autres. Le temps nous manque pour la vérifier. Nous prendrons ce soin : car si formelle que soit l'affirmation qui nous est donnée à cet égard, nous hésitons encore à y voir autre chose qu'une invention de loustic malicieux : tant en fait de désopilatif, elle dépasse la mesure ordinaire ! Voici ce qu'on nous écrit :

A l'appel de l'affaire *Tourlaque*, un président de jury aurait rendu décision portant remise d'un terme au profit de *Tourlaque*. Un assistant, qui doit appartenir au quartier, sinon même à l'administration, aurait relevé l'erreur. De fait, il y avait confusion : le greffier avait pris une voie publique pour un justiciable ! Voyez-vous la rue Tourlaque obtenant à la juridiction des loyers la remise d'un terme ! Quel dommage que le jugement n'ait pas été consigné sur le plumitif d'audience ! Ce président aurait fait le digne pendant du singe de la fable prenant le Pirée pour un homme.

vous ne tiendrez pas la gageure : vous seriez submergé par le flot montant des protestations. Pas n'est besoin même de cette épreuve : vous rendrez-vous au témoignage unanime des huissiers, bien placés pour voir les choses de près, en dehors de toute passion ou mobile d'intérêt?

Nous avons le devoir de finir comme nous avons commencé. Donc, après sa loi sur les échéances, Babel sans nom, inextricable, répudiée du commerce tout entier [1], après celle sur les loyers et l'épreuve du fonctionnement de la juridiction qu'elle a instituée, s'il prend encore fantaisie à M. le garde des sceaux de monter au Capitole, qu'il sache au moins que, sourd à son appel, le peuple ne l'y accompagnera point. Il n'a qu'à tourner la tête, il verra qu'à la différence de Scipion, personne ne le suit pour remercier les dieux figurés ici par ses juges de paix. Il ne faut pas abuser des effets scéniques, des représentations théâtrales.

Comme dieux, a dit un loustic faubourien, le public les reconnaîtrait mieux sous la forme légumineuse que, dans l'antiquité, ils affectaient en Égypte [2]. C'est ainsi que l'hyperbole dans la louange provoque toujours l'excès contraire. M. Dufaure a eu tort de surfaire au delà de leur valeur, d'exalter outre mesure ses juges de paix. Beaucoup de gens, repoussant à bon droit l'idée qu'il eût voulu les affubler de ridicule, ont cru tout de bon qu'il avait signé sa circulaire sans la lire, ce qui est peccadille pour un ministre. Un tort contraire serait de s'associer à la comparaison inconvenante, au parallèle qui les ravale par trop, et ne saurait provenir que d'une bouche mal apprise.

Il y a toujours danger à dire aux hommes qu'ils sont parfaits : ils se

---

[1] C'est au sujet de ce dédale, salmigondis de dispositions décousues et inconséquentes, de cette élucubration législative qui dénote, chez ses auteurs, la plus complète ignorance des premiers éléments de la matière, qu'on a fait cette piquante observation. « Si vous avez besoin d'un habit, vous vous adressez au tailleur ; s'il vous faut des souliers, vous appelez le cordonnier. Le gouvernement, lui, tout au rebours, commande l'habit au cordonnier et les souliers au tailleur. » On l'avait déjà vu à la révision des marchés militaires, chassepots, cartouches, etc., passés avec des fabricants de conserves alimentaires *e tutti quanti*, voire même avec des femmes d'un monde suspect et interlope. Quoi d'étonnant alors si l'habit va mal au gouvernement, et, rétréci, l'endolorit, et qu'à la chaussure il gagne ankylose et se luxe le pied, même à la marche ordinaire, à part les courses précipitées, vertigineuses, telle celle qu'au 18 mars il a exécutée sur Versailles, de toute la vitesse de ses jambes, avec la vélocité du lièvre, le jour même où nous prenions les nôtres à notre cou, sans pouvoir le rattraper, pour lui remontrer la facilité qu'il avait de se maintenir dans les forts de la rive gauche ; ce qui nous valut, plus tard, une dénonciation en règle et la perspective d'être fusillé par la Commune !

[2] On sait que les Égyptiens avaient mis au rang des dieux jusqu'aux cornichons, potirons, pastèques et concombres. D'où Juvénal (Sat. XV) de s'écrier. « O la sainte nation ! qui voit ses dieux croître dans les jardins. — *O sanctas gentes, quibus hæc nascuntur in hortis numina!* » Et Boileau :

> . . . . . . maîtres de ses destins
> Ces dieux nés du fumier porté dans ses jardins! »

Étrange bizarrerie d'un peuple dont le gouvernement était loin, comme le nôtre, d'encourager la production des fruits secs de partout et ceux juteux de Melonville !

l'imaginent bien assez d'eux-mêmes sans qu'il soit besoin de le leur crier par-dessus les toits. Et puis, au sentiment de bons esprits, le compliment est fort contestable. Rien qu'à cet égard, la circulaire de M. le garde des sceaux est souverainement imprudente. Les juges de paix de Paris ne sont que trop portés à franchir le cercle, les limites d'une juridiction d'exception, à sortir de la sphère de leurs attributions, à faire acte d'omnipotence. Nous invoquons ici le témoignage des hommes d'affaires, que nous pourrions corroborer encore de preuves. Nous avons entre les mains des espèces où le juge se joue absolument des règles de la compétence. C'est qu'au prix où est monté le papier timbré, ces magistrats savent bien que tout le monde ne peut pas se donner le luxe d'un appel de leurs sentences. C'est un propre suppléant de juge de paix qui nous en fait l'aveu. Convaincus qu'ils portent en eux une essence particulière, à l'excès persuadés de leurs « vertus, » n'y a-t-il pas péril qu'ils ne soient que trop enclins à méconnaître frein et barrière?

PARIS. — IMP. SIMON RAÇON ET COMP , RUE D'ERFURTH, 1.